让**孩子**幸福的**哲学**（精选版）

勇敢的你
真好看

王玉正◎编著

［俄罗斯］波琳娜·阿特莫夫娜·阿列克森科◎绘

明天出版社·济南

图书在版编目（CIP）数据

勇敢的你真好看 / 王玉正编著 ；（俄罗斯）波琳娜·阿特莫夫娜·阿列克森科绘 . — 济南 : 明天出版社 ,2022.10
（让孩子幸福的哲学：精选版）
ISBN 978-7-5708-1573-9

Ⅰ . ①勇… Ⅱ . ①王… ②波… Ⅲ . ①哲学－儿童读物 Ⅳ . ① B-49

中国版本图书馆 CIP 数据核字 (2022) 第 149318 号

RANG HAIZI XINGFU DE ZHEXUE JINGXUAN BAN

让孩子幸福的哲学（精选版）

YONGGAN DE NI ZHEN HAOKAN
勇敢的你真好看

王玉正　编著　　［俄罗斯］波琳娜·阿特莫夫娜·阿列克森科　绘

出版人　傅大伟
选题策划　冷寒风
责任编辑　于　跃
特约编辑　鹿　瑶
项目统筹　胡婷婷
美术编辑　赵孟利
版式统筹　纪彤彤
封面设计　何　琳
出版发行　山东出版传媒股份有限公司
　　　　　　明天出版社
地址　山东省济南市市中区万寿路19号

http ://www.sdpress.com.cn　　http ://www.tomorrowpub.com

经销　新华书店　**印刷**　鸿博睿特（天津）印刷科技有限公司
版次　2022年10月第1版　**印次**　2022年10月第1次印刷
规格　720毫米×787毫米　12开　3印张
ISBN 978-7-5708-1573-9　　**定价**　18.00元

致
娃爸
娃妈

相信很多父母都曾对孩子说过这句话：

"宝贝，鼓起勇气，你一定能做到！"

对孩子来说，勇气是什么？

勇气是摔倒了自己爬起来、是主动向陌生人问好、是晚上睡觉不用父母陪……这些在成人眼里微不足道的小事，在孩子的世界中却是一座座难以攀爬的高山。

如果"品质"能够赠送，我希望每个孩子都能得到很多很多的勇气。

有了勇气，他们就能有很大、很大的梦想，并为了这个梦想努力拼搏，严格要求自己，成为一个不断追求上进的人。

有了勇气，他们就会变得坚强，能够坦然接受失败，从不

轻言放弃，他们能够在失败中总结经验，让自己成为更强大的人。

有了勇气，他们就能拥抱阳光，乐观积极，善良从容，不惧怕未知的未来，敢于迎接一切挑战。

勇气就像是埋藏在孩子心中的一颗种子，会随着一次又一次挑战生根、发芽，直到长成一棵繁茂的大树。

勇气就像黑夜中一颗璀璨的星星，无数次引领着迷失方向的孩子走出黑暗，反思错误，让他们做得更好。

勇气就是父母能送给孩子的最好的礼物，引领着他们走向美好的未来。

愿每一位小读者都能像《小海绵历险记》中的泡泡一样，拥有梦想，并敢于为梦想付出努力，敢于面对失败，超越困难，超越自我。

如果我跟困难做**朋友**，
　　　　是不是就不用战胜它了**？**

也许，我可以**藏起来**，
　　　　这样困难就找不到我啦！

打败困难可简单了，**闭上眼**，它就不见了。

大家都要**战胜**困难，
　　　　困难总是输，多可怜**！**

如果没战胜困难，困难会不会**反过来"打"我？**

小海绵历险记

这是我们的主人公——泡泡，一块生活在厨房洗碗池边的小海绵。

很不幸，他的主人有点懒，所以他的"家"通常又脏又臭。

泡泡唯一的爱好就是坐在窗边欣赏窗外美丽的风景，他渴望闻一闻青草的清香，他再也不想闻到剩菜的味道了。

有的事让人开心，有的事让人伤心。你能不能试着忘掉不开心的事情，多想想开心的事情呢？

大一个

哲学小泡泡

9

有一天，泡泡找到了一副望远镜，他通过望远镜看到了更远的地方，那里有美丽的森林，森林里流淌着清澈的河水，泡泡看着美景突然有了一个计划！

他决定开启一场冒险之旅，离开这个小小的厨房，去探索更广阔的世界！

这一天，通向外面的大门虚掩着。他认真地洗澡、打扮，然后和那些讨厌的锅碗瓢盆告别，踏上了冒险之旅。

战胜困难的第一步就是做出改变。

大一个

哲学小泡泡

泡泡从没有离开过洗碗池，但他知道，不远处有一个叫"燃气灶"的家伙。

燃气灶总是时不时地发出恐怖的"光"，碰到那光的物体有时会冒出可怕的黑烟，泡泡决定悄悄走过去，绝对不能吵醒他。

不幸的是，泡泡不小心踩到了奇怪的按钮，燃气灶瞬间放出很烫的"光"，原来那"光"竟是火焰！

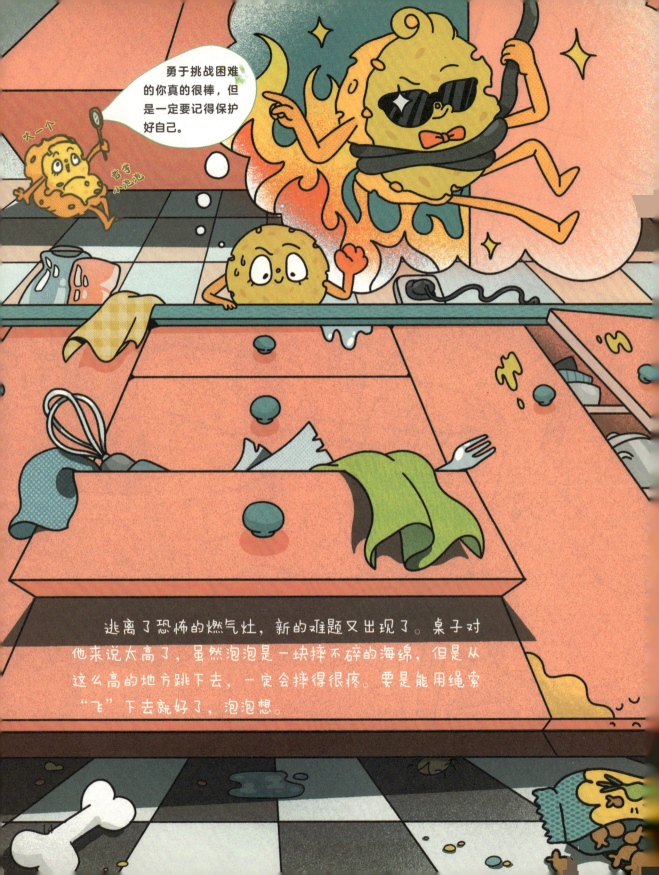

逃离了恐怖的燃气灶，新的难题又出现了。桌子对他来说太高了，虽然泡泡是一块摔不碎的海绵，但是从这么高的地方跳下去，一定会摔得很疼。要是能用绳索"飞"下去就好了，泡泡想。

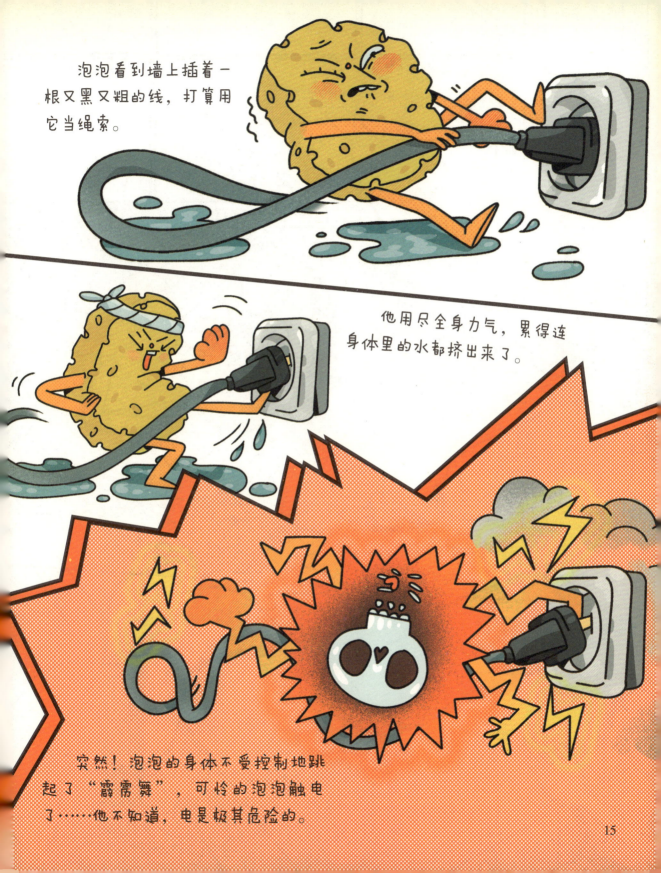

泡泡看到墙上插着一根又黑又粗的线，打算用它当绳索。

他用尽全身力气，累得连身体里的水都挤出来了。

突然！泡泡的身体不受控制地跳起了"霹雳舞"，可怜的泡泡触电了……他不知道，电是极其危险的。

他曾经见过窗外的小男孩踩着滑板跳起来也不会摔倒。哈哈！

泡泡决定用那个塑料盘子做个滑板，跳下桌子！

经过一番改造，盘子滑板做好了。

优美的半条弧线，然后狠狠地摔到了地上。

泡泡失败了，"真不该从高处往下跳！太危险了！我的屁股好疼呀！"

摔倒并不可怕，什么都会的大人也会摔倒，只要重新站起来就行啦！

泡泡郁闷极了。

不过，值得开心的是泡泡
终于逃离了高高的桌子，泡泡
向着虚掩的大门狂奔过去。

可是，刚一穿过大门，他就踩到了楼梯上的油渍，然后像皮球一样从楼梯上滚了下去。

有些看起来并不危险的事，其实很危险。

21

从楼梯上滚下来的泡泡鼻青脸肿、浑身酸痛。这时，一个巨大的黑影笼罩了他，一滴臭烘烘的黏稠液体落在他的头上，泡泡抬眼一看，头顶上竟然是主人养的大狗！

过了很久，大狗终于离开了。虽然遇
到了很多困难，但是泡泡终于如愿来到了
厨房外的世界，闻到了草的清香。

泡泡打起精神，继续面对新的挑战——过马路！

但是看着一辆又一辆巨大的跑得飞快的汽车，泡泡害怕极了。他可不想再遇到什么危险了！

正当泡泡犹豫不决的时候，一只大手把他捡了起来，扔进了一辆垃圾车。

泡泡坐在垃圾车上，和垃圾混在了一起……

不过，此刻泡泡开心极了！因为这辆垃圾车前进的方向正是他想要去的地方！这下就能又安全、又快速地到达目的地了！在那个美丽的地方，泡泡一定会看到更多美丽的风景，认识很多有趣的朋友。

"意外"不一定都是坏事，再等一等，没准它能变成意想不到的"惊喜"。

可以和困难做朋友吗

嗨，我有一个新朋友
想要介绍给你认识。

你可一定要认识它，因为它真的、
真的是个**与众不同**的朋友。

- 只要有它在，保准让你写作业的速度变得很慢。
- 它总是突然出现，扰乱你的计划，把一切都搅得天翻地覆。
- 它有时会跟你吵架，会把你弄哭，甚至还会让你受伤。

你是不是很好奇
它到底是谁？

其实你们早就见过面了，而且经常

见！它的名字叫——困难！

我们对它认识得越清楚，就越容易战胜它！

困难会伴随我们一生。不要被它 **调皮的外表** 欺骗，正是因为困难的存在，我们才能更快地成长，变成像爸爸、妈妈、老师那样 **厉害的大人。**

想一想

如果没有鼓起勇气和新同学打招呼，你一定还以为交朋友是件非常难的事情。

如果没有停电，你可能永远也不知道原来自己可以在黑暗中入睡。

如果写作业时没遇到那道难题，考试的时候遇到了，你就不能得 <u>100</u> 分了。

困难能教会我们许多事情，那么，你想不想和困难做朋友呢？

发起挑战吧

如果不把困难解决掉，
它就会一直调皮，
让你永远也做不成想做的事情。

困难不会一直是困难

虽然每个新的困难解决起来都很难，
不过，只要你愿意想办法解决它，
就会发现，困难好像变得没那么难了。

逃避不是办法

困难永远不会自己消失，
闭上眼睛也没用。

你不必一个人

如果你实在没办法战胜困难，
请爸爸、妈妈、老师，
或者好朋友帮忙也不错。

收获快乐

战胜困难的时候，
你会感觉超级开心！

11月15日 天气 ☔

　　每天早上我都不想几开
我的床，所以我上学经cháng
迟到……床一定就是我的
"困难"，我决定今晚shuì
地上！

　　　　　泡泡

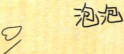

33

像哲学家一样思考

失败了也没关系

世界上没有人永远不会遇到困难，爸爸、妈妈、老师、警察叔叔，甚至是超人，

都会遇到困难。

困难有成千上万种，每个人遇到的困难都不一样，每个人对于"小困难"和"大困难"的定义也不同。

对你来说，也许写出 $100 \div 3$ 的答案就是困难，但对你的数学老师来说，复杂的数学公式也不是困难。

$$x = \frac{-b \pm \sqrt{b^2 - 4ac}}{2a}$$

很少有人能**战胜**所有的困难。

有时候，你可以坚持不懈，不停挑战，直到成功。

比如，你不会系鞋带，当你努力练习到终于成功了！**第"101"次，**

有时候，即使你失败了，但从另一个角度来看却是成功的。

比如，你精心绘制的金字塔看起来很**失败**，但是妈妈却觉得你**成功**画出了一个漂亮的火箭！

你看，大家判断一件事是成功还是失败的标准是不同的。

面对困难时，你要勇敢地向困难发起挑战，享受挑战困难的过程，

至于成功还是失败，真的很重要吗？

遇到困难，
你的探险
也就开始了
……